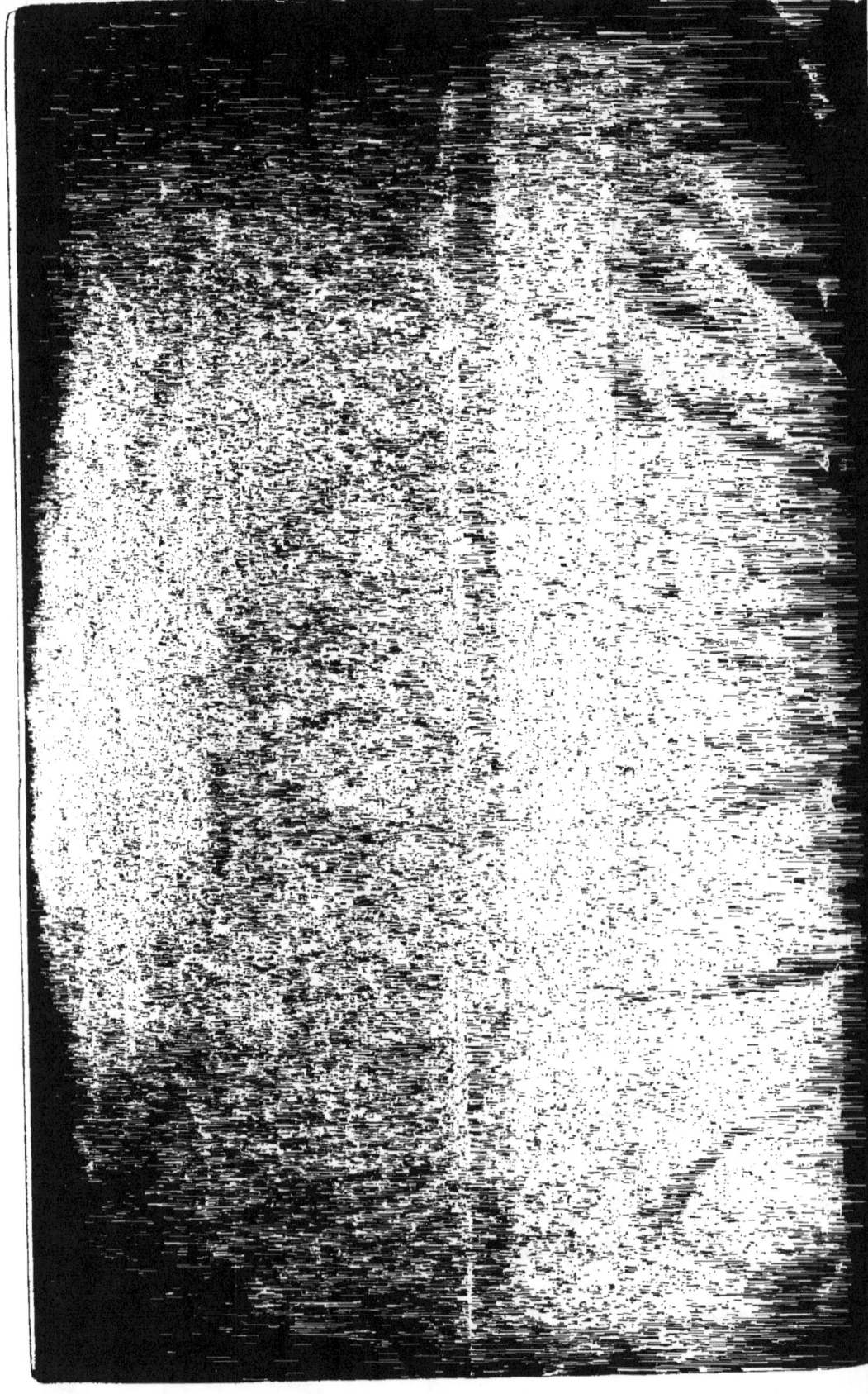

*À Monsieur Germain Bapst*
*Hommage de son dévoué confrère*

*Félix Bouvier*

# LA RÉVOLTE
# DE CASALMAGGIORE

AOUT 1796

# LA
# RÉVOLTE
DE
# CASALMAGGIORE

AOUT 1796

PAR

## FÉLIX-BOUVIER

Extrait de « *La Plume et l'Épée* »
6ᵉ Année 1906. — Nᵒ 1

MACON
PROTAT FRÈRES, IMPRIMEURS
—
1906

# LA RÉVOLTE DE CASALMAGGIORE[1]
## AOUT 1796

Si, pendant les dramatiques journées de Lonato et de Castiglione, Milanais et Romagnols avaient crânement affirmé leur foi dans la liberté, leur amour pour la France libératrice, dans les campagnes, le peuple, non content de tuer sournoisement tout militaire isolé, passant à sa portée, s'était, sur certains points, mis en état de révolte ouverte. A Castelnuovo en pays vénitien, on n'avait fait qu'égorger un Français, et la maison où le meurtre fut commis, fut brûlée, un écriteau vengeur planté sur ses ruines[2]. A Vérone, le 19 août, deux soldats de la division Augereau étaient assassinés[3]. A Crémone, on alla jusqu'à faire périr plusieurs partisans des Français, mais cette effervescence dura peu, et Crémone, prudemment, rentra dans l'ordre[4].

Mais à Casalmaggiore, la rébellion présenta un caractère de préméditation, une étendue et une durée considérables et offrit les traits caractéristiques communs à tous les mouvements de ce genre. C'est un véritable drame en plusieurs actes qui tire importance surtout de l'état d'esprit qu'il révèle, plutôt que des circonstances, en somme secondaires, qui l'accompagnèrent[5].

---

1. Ce récit d'un événement à peu près inconnu et qu'aucun historien français n'a mentionné est extrait du chapitre IX du tome second de *Bonaparte en Italie*, de notre collègue Félix-Bouvier, qui a bien voulu nous autoriser à le reproduire. Le tome Ier de cet important ouvrage a été, on le sait, couronné par l'Académie Française.

2. Bonaparte au Directoire, de Vérone, 8 août 1796 (pièce n° 852 de la *Correspondance de Napoléon*).

3. Augereau au Proréditeur de Venise, 20 août, l'invitant à faire punir les « scélérats » (Arch. G[re]).

4. A. Coppi, *Annalia d'Italia*, t. II, p. 36.

5. Les événements dont Casalmaggiore fut le théâtre ont été étudiés et décrits avec un soin minutieux et une exactitude rare par M. le professeur Silvio Pellini, originaire précisément de Casalmaggiore, dans les pages 54 à 62 de son très intéressant et documenté *Guida Storico Descrit-*

Casalmaggiore est une jolie petite ville, qui étale coquettement ses blanches maisons, ses tours, ses dômes, le long de la rive gauche du Pô, dont une digue puissante, préservatrice des inondations, la sépare; fleuve majestueux qu'aujourd'hui y franchit un long et imposant pont de fer où passe la voie ferrée de Brescia à Parme[1]. Située en dehors des routes sillonnées par les colonies françaises, puisque la division Sérurier, qui s'en approcha le plus ne dépassa pas Marcaria, sur l'Oglio, et Bozzolo, Casalmaggiore s'était trouvée relativement à l'abri des vexations, incursions, occupations et réquisitions, résultat inévitable du siège de la ville voisine de Mantoue. Quelques partis de cavalerie des deux armées y avaient seuls pénétré, en cours de patrouille ou de reconnaissance et quelques impositions levées.

L'esprit des habitants s'y montrait cependant, comme à Pavie, en majorité peu favorable aux Français[2], sans que l'on pût en expliquer les motifs. On eût dit que les habitants avaient été réellement pressurés par les troupes françaises ou qu'ils avaient en horreur les doctrines de la Révolution. Il y avait eu pourtant en 1791 des manifestations républicaines dirigées par l'avocat Porcelli. Ils se plaignaient, il est vrai, qu'on eût chez eux, et à leur charge, installé un hôpital pour

---

*tivo de Casalmaggiore* (1897) que l'on peut citer comme un modèle du genre.

Parmi les autres documents mis à jour par M. Pellini, il faut citer la *Cronaca dei tumulti popolari che funestarono Casalmaggiore all' epoca dell' assedio di Mantova nell, anno 1796*, extraite des Mémoires inédits de l'abbé Giovanni Romani (1757-1822), par son petit-neveu le Dr Giovanni Romani, publiés, en octobre 1899, à Casalmaggiore, à l'imprimerie A. Bertoni. Il existe en outre aux Archives municipales de la ville plusieurs récits, celui très détaillé de Gaspare Morizio, celui de Giov. Francesco Moretti, de Stefano Crema; celui du Dr Giuseppe Castiglioni a été imprimé en 1853 (chez Bizzari). Un autre manuscrit anonyme, donné à M. Silvio Pellini par le Rev. Don Luigi Vaghi, a été publié par M. Pellini dans *L'Edera*, journal local, en avril 1903.

1. Chef-lieu d'arrondissement (circondario) et de canton (mandamento) de la province de Crémone dont elle est distante de 40 kil., la ville de Casalmaggiore (érigée en cité en 1754) compte 15.844 hab., dont 13.800 hab. agglomérés. Elle est située à 27 m. seulement au-dessus de la mer. Le pont de fer, inauguré en 1887, à 1.085 m. de longueur: un pont de bateaux inauguré en 1863 a aussi une longueur de près d'un kilomètre.

2. Ces sentiments ont changé depuis, car quatre Garibaldiens, nés à Casalmaggiore, furent tués en combattant pour la France en 1871.

600 soldats sans compter la lourde contribution de guerre [1] qui ne les avait pas épargnés. Les nobles et les ecclésiastiques, en particulier, déjà prévenus contre les Jacobins français, souffraient impatiemment les réquisitions arbitraires et les vexations dont on les abreuvait quotidiennement [2]; ils en avaient conçu une haine implacable. Des agents secrets exploitaient ces sentiments et complotaient, se concertant avec d'autres villes, un soulèvement général qui éclaterait à la première occasion favorable. A leur invitation, les habitants redoublèrent de fervente dévotion pour la « Madonna della Fontana » vénérée dans la crypte d'un sanctuaire proche de la ville [3] et se pressèrent, nombreux, pour prier la Vierge qu'elle éloignât du pays les Français. On vit se renouveler là des scènes extravagantes de superstition, d'un fanatisme religieux savamment attisé et entretenu, et bientôt le bruit se répandit que les yeux de l'image sacrée pleuraient des gouttes de sang. On devine l'effet que produisit ce miracle sur des âmes simples et quelle foule accourut de tous les environs contempler dans la chapelle souterraine ce phénomène fabuleux que personne ne mettait en doute, que d'aucuns juraient avoir vu de leurs propres yeux. On devine combien les instigateurs en tiraient argument contre les

---

1. 371.000 lire, dit M. Pellini (p. 54), dont 178.000 payés par les couvents; le reste par le curé Marchetti, 20.000; les frères Fadigati, 36.000; Luigi Favagrossa, 15.000, etc.

2. L'agent militaire Luce était venu de Crémone mettre la main sur la caisse communale. Le 10 juin, on avait requis tous les bois, poutres, planches et les fers à déposer dans la maison Archenti, pour servir à la construction d'un pont à Borgoforte; le 13, on réquisitionna tout harnachés mulets et chevaux; le 15 juillet, du vin, du vinaigre; on réquisitionnait aussi du drap, de la toile. Les nobles avaient dû déposer leurs titres de noblesse, enlever les écussons armoriés de leurs maisons, faire disparaître carrosses et livrées; les simples citoyens versèrent leurs armes et le 6 juillet on ordonna à chacun d'arborer la cocarde tricolore.

3. La chapelle della Fontana construite en 1463 est située non loin de la ville, près du nouveau cimetière, sur la route de Sabionnetta, à un demi-mille environ; elle est surtout intéressante par la tombe du Parmesan, le fameux peintre élève du Corrège, de son vrai nom Francesco Mazzola, qui mourut à Cà Rossa, près de Casalmaggiore, le 24 août 1540, tandis qu'il y peignait pour le maître-autel de la grandiose église de l'abbaye de San Stefano, patron de la cité, un admirable tableau, sa dernière œuvre, que les Milanais emportèrent en 1648 lors du sac de la ville qui dura six jours.

Français. Aussi le commandant de la place[1], Le Comte inquiet sur les conséquences qui pourraient en découler pour sa propre sécurité, enjoignit-il à la municipalité en corps et aux autorités tant civiles qu'ecclésiastiques, de faire constater en sa présence, par des gens compétents, la réalité de ce fait surnaturel. Au jour dit, dans l'après-midi, la visite officielle eut lieu. Après qu'on eut fermé les portes, la fresque fut exposée en pleine lumière, éclairée par des cierges, et le commandant français invita chacun à s'approcher de la sainte image et à l'examiner sans manifester à personne son opinion. Le premier, l'abbé mitré Marchetti monta à l'autel, puis deux autres prêtres ; les membres de la municipalité les imitèrent, enfin le commandant de place et son secrétaire. Chacun alors écrivit son avis et le remit au secrétaire. Ensuite les experts, c'est-à-dire deux médecins, deux chirurgiens, deux chimistes et trois peintres procédèrent à l'examen[3]. Une fois terminé, tous se rendirent dans une salle du couvent où comparurent les pères Servites, gardiens du sanctuaire. Des uns et des autres témoignages et opinions, il résulta que des taches sombres provenant de l'humidité du mur étaient visibles sur la face de la Madonna, mais que ces taches, déjà anciennes, n'étaient point du sang[4]. Le commandant s'emporta contre les Frères, leur reprochant avec véhémence leur imposture et le bruit qu'ils avaient mis en circulation dans une foule crédule. Il les condamna à être mis en arrestation dans leur propre couvent et décida que l'église serait fermée jusqu'à nouvel ordre. A ces mesures très légitimes, dictées par la plus élémentaire prudence, le commandant ajouta-t-il

1. Le récit publié par M. Silvio Pellini, d'après le manuscrit offert par don Vaghi, l'appelle Le Compte. On le représente comme un homme bourru, grossier et insolent. Il s'appelait Le Comte (Pierre), né à Montauban, le 10 janvier 1751, et adjudant-général-chef de bataillon, après avoir été commandant de place à l'Ile de Ré, puis chef du 1er bataillon de chasseurs (A. G.).

2. L'archiprêtre-curé de la paroisse de San Stefano a, depuis 1795, le titre d'abbé-mitré et de vicaire du palais. Carlo Marchetti fut curé de 1778 à 1805.

3. Crema et Fadigati, médecins ; Mochetti et Ant. Guazzi, chirurgiens ; Carlo Gazzi et Tomaso Marcheselli, chimistes ; Mosca, Araldi et Pellizarri, peintres.

4. D'après le manuscrit de don Vaghi, il y aurait eu effectivement des taches de sang, mais apposées par quelque malveillant dans le but de provoquer des troubles.

l'ordre d'enlever de l'autel les nombreux *ex-voto* d'argent, sous prétexte de les convertir en aumônes pour les pauvres? Sa femme, par bravade, agita-t-elle son éventail devant la Vierge en se moquant? C'est ce qu'affirme un historien local estimé, témoin oculaire, l'abbé Romani, sans que rien permette de le contredire. D'après lui, ce serait ce vol sacrilège, cette profanation, qui auraient provoqué l'indignation populaire. Il semble également qu'on ait su mauvais gré au commandant plutôt d'avoir fait évanouir le miracle en lequel chacun avait foi que du larcin irrévérencieux dont il se serait rendu coupable. Il devint dès ce moment un objet d'exécration pour tous.

Ce n'était toutefois que le prologue. Le 28 juillet, l'arbre de la Liberté fut inauguré avec une pompe solennelle, sans que rien ne troublât la cérémonie, la musique, les chants, les bals, les réjouissances qui suivirent. Mais à trois jours de là, le 31 juillet [1], le soir, en pleins préparatifs d'un concert que le commandant avait ordonné de célébrer, se rua soudain par les rues de Casalmaggiore une tourbe de soldats fugitifs de diverses nations, répandant la nouvelle de la défaite des Français sur les bords du lac de Garda [2]. L'affluence et la confusion qui en résultèrent furent telles que la fête n'eut pas lieu et que le commandant, irrité, s'opposa à ce que les fuyards passassent le Pô pour s'enfuir plus loin. La municipalité dut pourvoir au logement de ces nouveaux garnisaires et se trouva consternée plus encore de cette obligation que du désordre de la ville. Cependant la foule murmurait; l'excitation devint si violente qu'on put dès lors redouter quelque malheur. Mais les conjurés avaient été pris au dépourvu et la nuit se passa en cris et en menaces. Quelques nobles pourtant, fanatisés contre les Français, firent prévenir leurs fermiers d'avoir à se rendre en ville dans la matinée du lende-

---

1. La date de l'incident originel n'est pas indiquée dans la *Cronaca* de l'abbé Romani qui se borne à dire que le 31 juillet survint peu de jours après « pochi giorni dopo », p. 6.

2. Romani mentionne la défaite du gal L'Épinois (*sic*). Il est à peine besoin de faire remarquer que le gal Despinoy ne fut pas le seul vaincu et que les fuyards parvenus le 31 juillet à Casalmaggiore devaient appartenir vraisemblablement à la division Sauret qui se trouvait plus à proximité autour de Salo. Cependant, on en constate plusieurs de la 5e demi-brigade qui faisait en effet partie de la division Despinoy. Morizio dit que ce sont des fuyards de Castiglione.

main. Ce fut une extraordinaire irruption de paysans, d'ouvriers, savetiers, barbiers, forgerons, armés de fourches, de faux et de bâtons qui envahit les rues en hurlant, se mêlant à la populace de la ville, puis courant s'aligner le long du fleuve pour en interdire le passage aux fuyards français que le commandant autorisait, mais trop tard, à gagner l'autre rive. Lui-même, sentant le péril grandir autour de lui, s'apprêtait à les suivre. Le nombre des fugitifs s'accroissait sans cesse et le petit nombre de barques retardait leur départ. Le Comte était un vieux soldat inculte et brutal mais brave, un blessé de Loano où un biscaïen l'avait atteint à la jambe. Irrité, fit-il quelque geste de menace? c'est possible ; quoi qu'il en soit, au moment, vers 8 heures du matin, où le bateau sur lequel le commandant avait fait monter sa femme, son secrétaire et plusieurs officiers, charger ses bagages, se détachait du rivage, surgit une bande [1] armée de fusils qui vociféra l'ordre aux bateliers de regagner la terre [2]. Le commandant contraignit les rameurs à poursuivre leur route. C'est alors qu'un garde de finances, surnommé Ficosecco, déchargea son arme sur le commandant qui tomba à l'eau et se noya [3]. Les bateliers épouvantés revinrent au bord, livrant ainsi aux coups féroces de cette engeance enragée les malheureux passagers. Ce fut le signal du soulèvement général de la canaille entassée sur la rive. Les Français qui se pressaient là, dans l'attente du passage, furent brutalement assaillis, frappés avec

1. *Canaglia*, dit le récit de Romani, p. 7.
2. La narration de Morizio citée par M. Pellini assure que Le Comte, se voyant pressé par la foule, au portone Pellizzari, l'insulta et leva sa canne sur elle, il frappa même un meunier, Giovanni Campanini ; la foule recula en murmurant, mais Campanini, exaspéré des coups de bâton, se serait mis à crier : « Jetez-leur des pierres » mais sans trouver d'échos. La foule s'approchant de nouveau, Le Comte tira son sabre pour l'écarter et en frappa ceux qui le serraient de plus près. Les curieux s'enfuirent, poursuivis à coups de fusil ou de pistolet par les officiers français et le secrétaire de Le Comte ; personne pourtant ne fut atteint. Mais la rage populaire, brusquement, ne connut plus de bornes ; on abattit, on dépeça l'arbre de la Liberté dont le chapelain Raimondo Ballerini emporta le bonnet rouge.
3. Le nom de Le Compte ne se trouve pas parmi ceux des morts. Dans la liste des morts que M. Silvio Pellini a bien voulu relever pour moi sur les registres mortuaires de la paroisse de San Francesco (aujourd'hui déposés à l'église abbatiale de San Stefano) ne figure qu'un officier, nommé Rossi, porté comme capitaine de la 7e comp$^{ie}$ du 3e bat$^{on}$ de la 5e demi-brigade, âgé de 30 ans, natif de Le Pout (Gironde).

fureur ; la plupart maltraités, assommés ou blessés, furent traînés par les rues et jetés dans le fleuve ; peu d'entre eux purent se réfugier pêle-mêle à la municipalité ou dans quelques maisons hospitalières, dont les maîtres réprouvaient de telles horreurs, accomplies aux cris assourdissants de : Vive la religion ! Vive la Madonna della Fontana ! Vive l'Empereur François ! [1].

Il semble que cette troupe française, qu'on a évaluée à 500 hommes, eût pu, étant armée, tenir aisément tête à cette multitude turbulente mais sans discipline, sans courage et sans armes. Il n'en fut rien et ces hommes se contentèrent de fuir devant elle et d'en subir passivement les brutalités. C'était, qu'on ne l'oublie pas, des fuyards du champ de bataille, des poltrons affolés au premier coup de feu, la lie de l'armée en somme.

Le but véritable de la canaille apparut du reste, bientôt, lorsqu'on la vit dépouiller les voitures de leurs harnais, des coussins, des lanternes et s'emparer des chevaux abandonnés. Un certain Giambattista Boïna [2], le principal meneur, avec le noble Antonio Onorato Molossi [3] et le comte Antonio Favagrossa [4], donna l'ordre de conduire dans sa propre demeure tous les carrosses et toutes les voitures. Partout, aux boutiques, à la cure, à la douane, à la poste, réapparaissaient les écussons aux et les armes d'Autriche.

Pendant que se déroulaient ces scènes tragiques, le podestat Risi et la Municipalité délibéraient [5]. Tout étourdis, ils ne savaient

---

1. La femme du commandant, son secrétaire, ainsi que ses deux enfants, furent accueillis dans la maison du commissaire Filippo Martinelli. D'après Pellini, le nombre des Français, incarcérés à la vieille poste ou au quartier, s'élevait à plus de 500, plus 200 chevaux.

2. Luigi Boïna (1814-1876), à qui Casalmaggiore a érigé un buste parmi ses célébrités, qui, notaire à Viadana, fut l'un des patriotes les plus énergiques du pays en 1848 et fut conseiller provincial en 1860, était son petit-fils.

3. D'une famille de décurions de Casalmaggiore, connue dès le xv$^e$ siècle, titulaire du fief de Pinzano en 1715, et de celui de Barenzate. C'est à cette famille qu'appartenait sans doute le poète Baldassare Molossi (1466-1528) et un autre Baldassare Molossi, délégué de la ville à Milan, à la fin du xviii$^e$ siècle, qui a laissé une correspondance diplomatique pleine d'intérêt, conservée au Municipio. Léopoldo Molossi, mort le 12 décembre 1885, légua sa fortune à Casalmaggiore pour la construction d'un hôtel de ville.

4. Famille encore existante. En 1799, Antonio, fils du c$^{te}$ Annibal Favagrossa, recommença ses violences et dut s'enfuir en 1800 après Marengo. Il récidiva en 1814.

5. C'était une nouvelle municipalité, élue le 11 juillet précédent.

à quel parti s'arrêter lorsqu'un des membres, le docteur Giambattista Mocchetti, finit pourtant par proposer d'expédier en secret à Crémone un messager porteur de lettres pour la municipalité, le tribunal et le commandant militaire, réclamant de prompts secours, afin de mettre fin « à ce tumulte dégénéré en anarchie ». La municipalité l'approuva et dépêcha à cet effet le secrétaire même du municipe, le docteur Tommaso Baraggia [1]. Mais parvenu à Crémone, occupé par les Français, celui-ci, loin de s'acquitter de suite de sa mission, imagina d'aller soumettre les lettres au marquis Giulio Vaini [2], ennemi déclaré des Français, parce qu'ami de la maison d'Autriche et de le consulter. Ce seigneur, dans l'espoir que la sédition de Casalmaggiore aurait d'heureuses conséquences, dissuada Baraggia de remettre ses lettres, et celui-ci fut assez oublieux de son devoir pour y consentir.

Depuis le départ de l'étrange messager, le calme ne s'était pas rétabli dans la ville, tant s'en faut ; la populace s'était emparée des tours et des bâtiments publics ; elle avait escaladé les campaniles des églises et fait sonner le tocsin à toute volée, contraignant les villages à l'imiter. On plaça des sentinelles au débouché de toutes les rues, afin que personne ne pût entrer ni sortir sans la permission des insurgés. La Municipalité elle-même fut bloquée et les portes occupées ; la canaille armée pénétra même dans le palais et garda à vue les magistrats pour que rien ne fût tenté sans son assentiment. Il n'y avait qu'à obéir à ces bandits. Chacun d'eux voulait commander, chacun criait ; les ordres les plus contradictoires et les motions les plus sottes se croisaient dans les salles du municipe tout retentissant de tapage. En outre, on amenait à chaque instant, à la Municipalité des officiers et des soldats français, blessés ou meurtris, ramassés sur la route par la canaille et entassés pêle-mêle prisonniers au municipe sans qu'on pût même les soigner et les nourrir.

[1]. La famille des marquis Vaini est originaire de Casalmaggiore, ce qui peut expliquer la singulière idée de Baraggia, d'aller lui demander conseil, mais ne saurait excuser l'incorrection de sa démarche. Le palais Vaini, où logèrent Vendôme en 1703, le duc d'Orléans en 1706, Villars et Broglie en 1733, l'empereur Joseph II en 1760 et 1769, se voit encore dans la rue Cavour qui conduit précisément à La Fontana.

[2]. D'autres récits l'appellent Francesco.

Cependant les rebelles commençaient à se quereller entre eux. Ce Boïna qui avait déjà confisqué à son profit toutes les voitures, puis tous les équipages, voulut en outre râfler tout l'argent des blessés français. Il devint par là suspect aux autres vauriens et il dut restituer tous les effets qu'il avait escamotés et les déposer dans une salle proche du théâtre, sous la garde des insurgés mêmes qui étaient en train de se partager leur butin.

L'arrivée subite d'un gros convoi et du trésor d'une division française conduits par le secrétaire du général Despinoy accrut notablement la fermentation, bien qu'elle gonflât la part de pillage de chacun.

Cette terrible matinée du 1ᵉʳ août s'était donc passée sans améliorer la situation. Dans l'après-midi, le comte Favagrossa, le plus raisonnable des trois principaux agitateurs, s'avisa que toutes ces violences, qui dépassaient sans doute ses intentions, risquaient d'attirer sur la ville, ainsi que sur lui-même, les représailles les plus justifiées. Son ami, l'abbé Romani, le futur narrateur de ces scènes de désordre, le confirma dans cette pensée et lui fit sans peine apercevoir le contre-coup logique, qu'entraînerait, tant de la part des Autrichiens que de celle des Français, un pareil mépris de toutes les lois [1]. Favagrossa sentant croître ses inquiétudes et afin de parer aux punitions ultérieures qu'il pressentait, céda aux conseils de Romani et se résolut à faire transporter les soldats blessés dans les casernes pour y recevoir les soins nécessaires et s'efforça de faire accueillir les officiers dans les maisons particulières, dont les maîtres étaient connus pour leur humanité. En même temps il décida de consigner à la Municipalité les objets dérobés aux Français [2]. Le plus difficile était de faire admettre cette solution par les plus enragés des rebelles ; Favagrossa y parvint avec adresse, et les révoltés ne manifestèrent d'autre exigence que de garder eux-

---

[1]. Les Autrichiens vainqueurs, observa Romani à Favagrossa, se plaindront qu'on ait assassiné et volé les Français, au lieu de les garder prisonniers et ils accuseront les habitants de n'avoir servi que leurs propres intérêts et non la cause de leur ancien souverain. D'autre part, les Français, s'ils sont victorieux, livreront la ville aux flammes et égorgeront tous les habitants (*Cronaca*, p. 10).

[2]. De cette façon si les Autrichiens l'emportent, ils ne seront point mécontents en trouvant les équipages et les prisonniers sauvegardés ; si ce sont les Français, nous aurons vis-à-vis d'eux, autant de protecteurs que nous aurons sauvé de leurs soldats (*Cronaca*, p. 11).

mêmes les détenus. Favagrossa y consentit, mais à condition que ceux-ci ne seraient victimes d'aucuns mauvais traitements, Mais lorsque ces infortunés soldats, prévenus de ce qui se passait, virent qu'on leur donnait pour escorte les mêmes faces sinistres qui les maltraitaient naguère, ils se refusèrent à sortir, préférant, disaient-ils, se laisser mourir d'inanition, que de se livrer à une populace féroce et déchaînée. Enfin, après que Favagrossa eut prêché le calme à la foule et promis aux soldats de les accompagner, le départ s'accomplit, et les prisonniers, placés dans le *quartiere grande*, y reçurent aussitôt les soins indispensables. La municipalité répartit de même les officiers en ville où on leur fit bon accueil. Le comte Favagrossa, enfin convaincu de son imprudence, tenta alors de mettre fin au tumulte, mais son influence y échoua, la canaille écoutant de préférence les deux autres chefs, Molossi et Boïna, qui flattaient davantage ses instincts de violence et ses passions. Le tocsin continua à résonner, et la poursuite des Français à travers la campagne ne cessa point. On arrêta même des Casalasques suspects de républicanisme. Quant à la Municipalité, elle eut fort à faire, on le pense, pour satisfaire aux appétits de cette populace qui réclamait avidement des vivres et de l'argent.

Le lendemain, 2 août, l'arrivée en ville de nombreux paysans, appelés par le tocsin, ne fit qu'accroître et surexciter les attroupements, les paysans ne rêvant que de s'unir à la populace urbaine pour piller. La municipalité pressée, serrée, menacée, ne savait auquel entendre, l'insolente canaille requérant à la fois, d'un ton furieux, des armes et des munitions, de l'argent et des vivres, sans même accorder de délais pour satisfaire ses insatiables exigences. Désespérée, elle fit appel au clergé et aux meilleurs citoyens de la ville pour supplier les paysans de retourner chez eux et de laisser la Municipalité délibérer en paix. Les exhortations de l'archiprêtre et de quelques ecclésiastiques moins fanatiques, réussirent d'abord ; mais au dehors, les meneurs Boïna et Molossi, appostés, reprochèrent aux villageois d'abandonner leur poste et de laisser échapper l'occasion d'en finir avec ces impies de Français. Beaucoup s'en retournèrent pourtant, mais quelques-uns abusés firent cause commune avec les brigands. Néanmoins, les salles du municipio se trouvaient débarrassées et les magistrats purent étudier avec calme les mesures urgentes à adopter.

Dans la soirée [1], un garde-chef des finances, tout exprès venu de Crémone, porteur d'une sommation de Despinoy, les avertit de l'approche d'une colonne française de 1.200 hommes. Précisément, cette nuit, les plus scélérats des insurgés avaient résolu d'assaillir le lendemain, les maisons des plus riches habitants et de les mettre au pillage avant de s'éloigner, car ils prévoyaient, eux aussi, que l'aventure allait mal tourner. Ils refusèrent d'ajouter foi à la nouvelle et déclarèrent fausse la lettre de Despinoy. Mais au matin du 3 août, lorsqu'ils apprirent que des troupes françaises atteignaient Sa-Martino dell' Argine, en marche sur Casalmaggiore, leur fureur changea d'objet. Loin d'écouter la voix de la municipalité qui, avec sagesse, pour ne pas attirer l'extermination sur la cité, voulait faire cesser instantanément les troubles et député vers les Français des délégués chargés de les assurer d'une prompte pacification, les bandits fanatisés se ruèrent hors la ville sur la route au-devant des Français, prétendant arrêter l'ennemi. Au son redoublé du tocsin de la ville, auquel répondaient les cloches des villages, Molossi et Boïna entraînèrent leurs bandes à Villanova où ils se proposèrent d'interdire le pont du canal aux Français. On barricada le pont; des jeunes gens de la ville, des enfants plutôt, s'amusèrent à ce jeu stupide, ne craignant pas de sommer la Municipalité de leur fournir poutres et fers, vivres et surtout du vin pour soutenir les courages. Ils contraignirent même des ouvriers charpentiers à les aider dans la construction d'une si ridicule barrière.

Les Français cependant s'avançaient; c'était le vieil adjudant général Rambeaud [2], à la tête des deux bataillons de la 12ᵉ légère et de quelques dragons. Le général Serviez marchait avec lui, assure-t-on. Aussitôt, ces jeunes héros qui devaient mourir sur leur barricade, disparurent sous divers prétextes; il ne resta au pont que les ivrognes, incapables de marcher, et s'imaginant être d'invincibles paladins. Aux appels paci-

---

1. « Le matin du 3 », dit M. Pellini, p. 60.
2. Tué plus tard en Syrie, à l'assaut de Saint-Jean d'Acre, le 8 mai 1799, au moment où il venait d'être nommé général. C'était un homme mûr qui avait dépassé la cinquantaine (né à Voiron, en 1745), longtemps soldat et bas-officier sous l'ancien régime dans Barrois-Infanterie, et qui avait obtenu, sous la monarchie, en 1783, l'épaulette de sous-lieutenant. Il servait à l'armée d'Italie depuis 1793.

fiques des Français, parvenus à faible distance [1], les insurgés ne répondirent qu'à coups de fusil. On vit alors la cavalerie filer des deux côtés de la route, passer le canal à gué, tourner ainsi pont et barricade et tomber sabre en main sur les défenseurs surpris. Quelques-uns s'enfuirent vers Vicobone ghisio, où, du clocher, on fusilla les Français, ou bien à travers champs. Rejoints par les dragons, ceux-ci furent en grande partie sabrés ; quant à ceux, immobiles au pont, abrutis par l'ivresse, ils furent canonnés et fusillés par l'infanterie française. Ainsi, « comme un éclair », s'évanouit, anéantie, l'arrogante canaille qui depuis trois jours terrorisait la ville.

De l'excès de la joie on tomba dans la consternation [2]. La porte de l'église de Vicobone-ghisio fut enfoncée par deux coups de canon qui brisèrent aussi le tabernacle et l'autel de la Vierge, et, pour tirer vengeance des fusillades dirigées contre eux du campanile, les Français mirent l'église complètement à sac. L'un des chefs, à cheval à quelque distance, put s'enfuir au galop à Casalmaggiore, y fit cesser le tocsin et répandit la nouvelle de la défaite de ses compagnons. Tandis que les malheureux habitants se renfermaient précipitamment chez eux, le véritable auteur du soulèvement, le comte Giuseppe Casati [3], qui avait su ne point s'exposer, ni même paraître, tout en ameutant les autres, courut se cacher à Ponteterra. Boïna et Molossi, ainsi que les plus ardents meneurs, s'éclipsèrent. Seul le comte Favagrossa eut le noble courage d'affronter la colère du vainqueur. Les Français s'étaient avancés, leurs deux canons au premier rang, mèche

---

1. Le général Serviez, dit M. Pellini, agitait en signe de paix un mouchoir blanc. Il est possible que le général Roergas de Serviez, le futur député et préfet des Basses-Pyrénées, qui commandait alors la place, Crémone, accompagnât la colonne Rambeaud ; rien, en fait, dans les documents français, ne permet de l'établir avec certitude. Il semble difficile de mettre en doute sur ce point les *diari* contemporains de Casalmaggiore si minutieusement exacts en tous leurs détails.

2. A. Coppi : *Annali d'Italia*, II, p. 36.

3. Il n'appartenait pas à la branche aînée de la famille Casati, l'une des plus anciennes et des plus illustres de la noblesse lombarde, dont l'une des filles, Teresa, épousa le célèbre Federico Confalonieri, et dont un descendant, Gabrio (1798-1873), fut maire de Milan, président du gouvernement provisoire de Lombardie en 1848, puis ministre de l'instruction publique en 1860, mais à la branche établie à Plaisance au xive siècle.

allumée, jusqu'à la porte des Capucins [1]. La Municipalité, accompagnée des douze principaux citoyens, alla les y recevoir et parlementer. Le général français [2] consentit à les écouter et, pour que l'entretien ne fût pas troublé, pénétra dans la maison Tosi, la première à l'entrée du pays, où les municipaux les suivirent et entamèrent leur pénible plaidoyer. Favagrossa assura le général que le trésor de l'armée qui s'élevait à 30 millions était intact. La municipalité promit que la tranquillité régnait et s'excusa de son inaction en invoquant le prétexte, fondé d'ailleurs, que c'était faute d'une force armée suffisante qu'elle n'avait pu réprimer l'émeute, et elle affirma, au surplus, que Le Comte avait été victime du mécontentement qu'il avait soulevé par ses fanfaronnades envers la foule [3]. Ceci fut confirmé par les prisonniers français mandés à la casa Tosi, qui rendirent hommage aux efforts et aux soins de la Municipalité.

Les troupes françaises entrèrent alors dans la ville, garantis contre tout péril et toute surprise par la Municipalité responsable. On restitua tous les effets, et comme réparation des dommages commis, la ville versa 400 sequins; toutes les fenêtres furent illuminées et le demeurèrent toute la nuit. Serviez, toutefois, ne laissa pas ignorer aux magistrats en les quittant qu'il enverrait au général en chef une relation véridique des événements, et que c'est Bonaparte seul qui déciderait des châtiments encourus et des mesures à prendre pour empêcher le renouvellement de pareils désordres [4].

1. A l'extrémité de la rue Romani actuelle près du Barracone.
2. Serviez ou Rambeaud, mais plus probablement ce dernier.
3. Il semble établi, en effet, par divers témoignages au procès qui suivit, que c'est Le Comte qui commença à injurier et à menacer la populace, puis à la frapper. Le commissaire du gouvernement, témoin oculaire et auriculaire dès le début de la scène, l'attesta, et la veuve du commandant elle-même en convint (Pellini, p. 59).
4. Il est difficile d'établir avec précision le nombre des victimes des deux partis dans ces néfastes journées. M. Silvio Pellini qui a recherché pour moi dans les registres paroissiaux de l'église San Francesco (supprimée en 1840), transportés dans l'église San Stefano, m'a fourni une liste d'où il résulte que 34 Français seulement furent ensevelis par le curé de San Francesco; ils appartenaient aux 18e, 6e, 5e, 32e, 39e, 51e, 4e, 11e demi-brigades, etc.; leurs noms, ainsi que les indications du pays d'origine, sont souvent omis, et la plupart du temps estropiés de façon à les rendre méconnaissables. On ne relève, en dehors du capitaine Rossi, qu'un autre nom d'officier, le sous-lieutenant Labarère, de la 4e demi-brigade (7e c<sup>ie</sup>

Le matin du 4 août, vers 10 heures, il partit pour Sammartino, escorté jusqu'à Bozzolo par quatre officiers municipaux. Moins favorisés que Casalmaggiore, les deux villages voisins de Vicoboneghisio et de Villanova, où s'était passé le plus chaud du combat, furent livrés au pillage et saccagés [1].

Cette absurde révolte n'exerça du reste qu'une influence minime sur la marche des événements, contrairement à ce que se flattaient assurément d'obtenir ses instigateurs. Les troupes de la division Sérurier qui, à Marcaria et à Bozzolo, se trouvaient le plus à proximité, n'en furent pas autrement émues et ne se détournèrent pas pour si peu de leur marche sur Castiglione. Le chef d'état-major, Belliard, se borna à détacher sur Casalmaggiore l'adjudant-général Rambeaud avec les 1er et 2e bataillons de la 12e légère [2] et l'on sait avec quelle promptitude cette faible troupe accomplit sa tâche.

La nouvelle de la mutinerie de Casalmaggiore ne fut connue au quartier-général que par une dépêche de Despinoy, averti lui-même par son secrétaire, un moment compromis, on le sait, dans la bagarre [3]. Il avait pris de suite les mesures nécessaires,

du 1er bat[on]), originaire des Basses-Pyrénées. Presque tous les actes qui les concernent sont datés de novembre et décembre; seuls sont inscrits sur le registre en août et septembre ceux qui moururent de leurs blessures à l'hôpital.

Quant aux habitants, huit furent enterrés le 4 à Vicobone ghisio, presque tous de ce village; six du même lieu le furent à Villanova, où l'on enterra en outre vingt-deux cadavres, deux le furent à Rivarolo-Fuori.

Ces chiffres, surtout en ce qui concerne les Français, sont certainement fort au-dessous de la réalité. On remarquera notamment que le commandant de place Le Comte ne figure pas dans ce relevé.

1. Tout ce récit n'est que le résumé des pages 54 à 62 du remarquable ouvrage de M. Silvio Pellini, ainsi que des *Cronache* contemporaines de l'abbé Romani et de Gaspare Morizio qui fourmillent de détails locaux fort curieux que nous avons dû renoncer à reproduire.

2. Ordre au chef du 1er b[on] de la 12e légère de se porter « sans retard » sur Gazalmazo (*sic*). Ordre au général Gardanne de faire marcher les 1er et 2e b[ons] de 12e Légère avec l'adj[t]-gén[al] Rambeaud. 3 août (Arch. Guerre) La demi-brigade disperse les rebelles à Casalmaggiore et y délivre 400 Français et leurs équipages, puis elle part à marches forcées sur Castiglione où, le 5, elle enlève Médole (Historique du corps).

3. Mon secrétaire a vu le 15 (thermidor-2 août) Casalmaggiore en pleine révolte, une multitude furieuse y massacre, vole, pille, y commet tous les excès. J'ai perdu cinq chevaux, mes équipages, mon linge, mes livres et cartes, mes habits, ma correspondance, etc. (Despinoy à Bonaparte; de Brescia, 4 août ; Arch. Guerre).

enjoignant par lettre à la ville rebelle de rendre les prisonniers à la liberté et de restituer les équipages, sous peine de destruction. On sait le sort qu'eut cette menace transmise par l'intermédiaire de Crémone. Il fallut l'intervention de la colonne Rambeaud pour terrasser cet inconcevable délire.

Le récit de l'aventure produisit chez Bonaparte une vive irritation [1], et il se promit d'en tirer vengeance. Soit que les détails qu'il en reçut lui parurent comporter une répression sévère, soit qu'il ait senti la nécessité de faire un exemple, cette sédition étant sinon la seule, du moins la plus importante de celles survenues pendant ces jours tragiques où le destin balança la victoire. Bonaparte estima que la pénalité frappée sur Casalmaggiore par Serviez et Rambeaud était par trop bénigne et qu'il importait de sévir d'une manière exemplaire.

Les membres de la Municipalité de Casalmaggiore sentaient bien du reste que les Français, si généreux qu'on les supposât, ne s'en tiendraient point là et qu'ils auraient eu, en particulier, à rendre compte sérieusement de l'intensité et du développement de l'exaspération populaire qu'ils n'avaient su ni prévoir ni réfréner. Aussi ne furent-ils pas surpris d'apprendre par l'abbé Romani et par Antonio-Maria Porcelli, ce précurseur du républicanisme dans leur commune, condamné naguère pour ses opinions, et qui, tout naturellement rallié de suite aux Français, occupait une situation élevée dans l'Administration de Lombardie à Milan, l'indignation causée par les forfaits de la canaille. Mais ils le furent davatage de voir que bien qu'ils n'eussent écrit aucun nom, dans leur relation de l'événement adressée à l'Administration générale de la Lombardie, et laissé peser toute la responsabilité sur une foule anonyme, Bonaparte fut instruit exactement que l'insurrection avait été fomentée et dirigée par des nobles et des prêtres du pays. Fût-ce par l'adjudant-général Landrieux, qui, à la tête de 400 cavaliers, parcourut toute la région autour de Mantoue pendant plusieurs jours, battant l'es-

---

1. On peut juger de l'importance qu'il y attacha par le fait qu'il parle de cet incident, après tout minuscule, au milieu de si graves événements, au Directoire, le 8 août, où il dit que le peuple a assassiné nos malades et pillé nos bagages (pièce 852 de la *Correspondance*).

trade vers Marcaria et pénétrant le 5 jusqu'à la grande place de Casalmaggiore? Cela n'aurait rien d'improbable [1].

Pour obvier à ce nouveau danger en même temps que se mettre à couvert, la Municipalité commença par faire arrêter, le 11 août, Boïna et Molossi, qui avaient réussi à s'enfuir lors de l'entrée des Français. On arrêta également quelques comparses : Guadagni, Moreschi, Beduschi, Storti, Valentini, Bonini, Ballerini, d'autres encore ; tous furent incarcérés dans les prisons de Crémone.

Sur le conseil de Porcelli et de Romani, l'on décida de dépêcher auprès d'eux à Milan l'un des municipaux, le docteur Mocchetti, afin d'obtenir de l'Administration de la Lombardie, de la Municipalité de Milan, de Serbelloni et de Porro si avant dans les bonnes grâces de Bonaparte, des certificats élogieux et des recommandations avant d'aborder le terrible général et d'implorer sa clémence. Leur mission réussit assez facilement auprès des autorités et de Serbelloni, mais il n'en fut pas de même auprès du comte Porro. Sur ces entrefaites, deux autres municipaux, Ferdinando Zambelli et Pietro Bolzoni, étaient venus joindre leurs efforts à ceux de Romani, de Porcelli

---

[1]. *Mémoires de Landrieux*, II, p. 213 à 228 (non publiés, épreuves à nous gracieusement communiquées par M. Léonce Grasilier). Landrieux qui raconte qu'il s'est couché sur un matelas en plein air à Casalmaggiore, qu'il y a ramassé toutes les barques, qu'il a subi des coups de feu, ne mentionne cependant ni l'insurrection, ni ses suites et ne nomme pas les coupables. Il fit une curieuse découverte chez le curé de Casalmaggiore, Cugnietti ; il trouva deux caisses, l'une remplie de pièces d'argenterie pillée dans les églises ou chez les particuliers qu'un général français, dont le curé ne voulut point dire le nom, lui avait confiée. Landrieux en fit l'inventaire et l'enleva. L'autre caisse saisie chez le curé contenait 15.000 fr. et des vases sacrés dont le prêtre nomma le déposant, le comte Mazzuchetti, émigré de Mantoue. Celui-ci la réclama, mais Landrieux la fit charger avec l'autre sur une prolonge et l'emmena à Mantoue où Mazzuchetti l'accompagna pour réclamer auprès de Kilmaine. Surpris en route et attaqué par des coureurs autrichiens, le convoi put cependant gagner intact sa destination. Mais le comte tomba de cheval, se cassa la jambe, fut transporté à l'hôpital. Lorqu'il fut guéri, le comte Mazzuchetti alla chez Kilmaine qui lui fit aussitôt rendre sa caisse, mais... elle était entièrement vide. Landrieux semble croire que la première de ces caisses appartenait à Masséna. Il fit de semblables recherches par ordre de Berthier, chez le curé de Carpenedolo, Girolamo Petrucci, et la perquisition eut le même résultat, malgré la résistance du curé. Une caisse contenait 310.077 fr. Trolard, I, 64 à 66, 179 et 328).

et de Mocchetti, mais on avait eu la fâcheuse idée de leur adjoindre le secrétaire communal Baraggia, ce même personnage dont la louche attitude à Crémone et la désobéissance aux ordres de la Municipalité avaient, pour beaucoup, prolongé, sinon aggravé, le conflit sanglant de Casalmaggiore. Porro, qui était l'un des plus fermes et des plus énergiques républicains milanais, ne leur cacha point combien la complicité de la Municipalité dans les troubles lui paraissait évidente. Ils plaidèrent le manque de moyens légaux et d'armes qui avait paralysé leur bonne volonté. « Il fallait au moins avertir Crémone, » riposta Porro; à cette juste réplique, Baraggia pâlit et baissa la tête, croyant qu'on avait découvert son singulier rôle à Crémone, sa plate soumission aux ordres du marquis Vaini. Ses collègues, heureusement, le sauvèrent en répondant avec à-propos qu'ils avaient bien pensé à quérir du secours à Crémone, mais que, cernés rigoureusement par les émeutiers et toutes les routes gardées, ils n'avaient pu sortir sans être fouillés ou maltraités. La raison parut péremptoire à Porro qui s'apaisa et prévenu, du reste, en faveur de la cité, par Porcelli et Romani, finit par délivrer le certificat espéré.

Les trois municipaux et le secrétaire se dirigèrent alors en hâte vers le quartier-général de Brescia, afin d'y comparaître devant Bonaparte pour tâcher d'adoucir son courroux [1].

Plusieurs jours s'étaient écoulés et celui-ci n'avait pas voulu ajourner sa décision contre Casalmaggiore. Par ses ordres, Murat, à la tête d'une colonne mobile, était déjà parti pour punir la ville de sa folle équipée, lorsque les délégués vinrent présenter leur supplique.

Bonaparte les reçut avec sa hauteur glaciale [2] et les laissa d'abord parler. Puis il leur dit qu'il n'ignorait pas que la Municipalité et quelques citoyens s'étaient en effet assez bien conduits, mais que l'ensemble du pays était mauvais, perfide, et méritait un châtiment qui servît de leçon aux imitateurs. Il leur

---

1. Les divers récits contemporains ne fixent pas de date pour cette entrevue. Elle est évidemment postérieure à l'ordre de Bonaparte du 14 août concernant Casalmaggiore et postérieure même au 18 août, date du départ de Murat.

2. Un dessin en couleurs, représentant la scène des trois municipaux en présence de Bonaparte, fut exposé à l'époque à Casalmaggiore, d'après les *Cenni Storici*, p. 15, publiés en 1902 par M. Silvio Pellini.

annonça le départ de Murat, leur conseillant sèchement de retourner de suite chez eux s'entendre avec le général qu'il avait muni de ses instructions.

Dès le 14 août, en effet, aussitôt achevées les dernières opérations contre les Autrichiens en retraite, Bonaparte avait libellé ses dispositions à l'égard de la révolte de Casalmaggiore dans l'ordre suivant : « Voulant punir, y disait-il, la conduite criminelle des habitants de la province de Casalmaggiore pendant la retraite des Français », il édictait : 1° que toutes les armes seraient portées, dans les vingt-quatre heures, aux magasins français ; 2° que la province coupable paierait une contribution d'un million[1] pour solder les pertes subies en cette circonstance par différents officiers, et que cette somme serait versée, moitié sous trois jours, le reste dans la décade ; 3° que toutes les cloches des villages où le tocsin avait sonné seraient descendues et transportées à Alexandrie, aux frais des habitants ; 4° qu'enfin les auteurs de l'insurrection et les plus coupables des rebelles seraient recherchés, arrêtés et traduits devant une commission militaire qui les punirait « proportionnellement à la nature de leurs délits »[2].

Si le désarmement des habitants et l'enlèvement des cloches s'imposaient, si le fait même du versement d'une imposition de guerre était absolument normal dans la circonstance, le chiffre en semble toutefois exagéré et les motifs allégués, pour l'établir, au profit des officiers victimes de dommages, plutôt puérils, les dégâts commis n'ayant jamais pu atteindre une pareille somme, et la plupart étant déjà réparés.

Une fois le principe posé, il ne semble pas du reste que Bonaparte, sans doute sollicité dans l'intervalle par les trois députés de Casalmaggiore, ait apporté une précipitation extraordinaire à l'exécution de son ordre. Ce n'est en effet que le 20 août[3] que le général Murat vint prendre le commandement d'une colonne mobile en vue d'assurer le recouvrement de la réquisition infligée à la ville rebelle.

---

1. En numéraire de France, argent ou lingots, était-il spécifié.
2. Ordre de Bonaparte ; Brescia, 14 août, 20 thermidor (n° 892 de la *Correspondance* et Arch. Guerre).
3. Bonaparte à Berthier, de Brescia, 18 août (n° 902 de la *Correspondance* et Arch. Guerre).

Murat venait d'être libéré de captivité par son échange avec le prince de Cutò, ce général napolitain qu'il avait lui-même fait prisonnier au combat de Valeggio, deux mois auparavant [1]. Depuis quelque temps Bonaparte lui tenait rigueur. Murat avait eu beau racheter par sa fougue au combat de Borghetto sa faiblesse momentanée dans la charge de Mondovi après la mort de Stengel, le souvenir de son échec plus récent, lors de la surprise tentée contre Mantoue, dans la nuit du 6 au 7 juillet, échec dû surtout à sa maladresse, paraît avoir persisté dans l'esprit de Bonaparte. Peut-être aussi l'empressement suspect de Murat auprès de Joséphine avait-il provoqué chez Bonaparte quelques accès d'humeur. Il est bien certain qu'une demi-disgrâce pesait dès lors sur Murat et que son escapade amoureuse à Brescia, suivie de sa piteuse capture aux pieds de sa belle par les Autrichiens, n'était pas faite pour lui concilier les bonnes grâces de l'autoritaire général en chef [2]. La mission, plutôt désagréable, dont il fut chargé contre Casalmaggiore, pourrait bien être la conséquence de cet état de choses et avoir été considérée par Murat comme une corvée, une pénitence, plutôt que comme un commandement flatteur. Quoi qu'il en soit, il se mit en devoir de l'accomplir, mais il n'y apporta, semble-t-il qu'un zèle fort tiède et une sévérité tempérée.

La colonne mobile placée sous ses ordres devait être compo-

---

[1]. Cet échange proposé dès le 7 août par Berthier à Wurmser s'effectua le 10 août, mais dès le 8 Murat avait quitté Brescia où il était prisonnier sur parole, pour Vérone d'où il écrivit à Carnot pour justifier son absence.

[2]. L'illustre et perspicace historien de Napoléon, M. Frédéric Masson, a fort bien discerné dans *Napoléon et sa famille*, t. I$^{er}$, p. 314 et 315, que Murat avait déplu à Bonaparte, mais sans en saisir exactement la raison. Il a pu sans doute faire sa cour à Joséphine, être près d'elle sinon heureux, du moins indiscret ; il a pu porter ombrage à Bonaparte en recherchant trop avidement la protection de Barras, pour en obtenir le commandement de la garde du Directoire et par là les plaisirs de Paris : c'est assez pour s'en défier, mais cela n'explique pas qu'on le tienne à l'écart : il faut d'autres fautes, et celles-là, toutes militaires, celles qu'on lui a reproché sous Mantoue et à Brescia. Aussi estimons-nous que sa désignation pour la colonne mobile de Casalmaggiore a toute l'apparence d'une expiation. Néanmoins, la disgrâce persista encore quelque temps, malgré les prouesses réitérées de Murat. Il fallut la mort du général Dubois, à Roveredo, pour que Murat fut enfin placé à la tête de la cavalerie de l'armée.

sée de la 51ᵉ demi-brigade [1], de cent cavaliers du 24ᵉ chasseurs [2] et de deux pièces d'artillerie légère. Il emmenait en outre un commissaire des guerres et l'agent militaire de Crémone, Escudier, afin de percevoir le montant de la contribution, ainsi que les membres d'une commission militaire chargée de juger « ceux qui avaient assassiné les Français, seraient auteurs ou auraient excité à la révolte ». Il devait avoir terminé en trois ou quatre jours ces opérations.

Murat n'apporta pas une célérité exceptionnelle à exécuter ces ordres. Deux jours après sa nomination, le 20 au matin, il était à peine arrivé à Crémone afin d'y prendre la 51ᵉ [3]. Les avis inquiétants du commandant de la place, Moreau [4], qui lui signalait que, la veille, cent cavaliers autrichiens, venus de Mantoue, avaient occupé Casalmaggiore pendant deux ou trois heures, en avaient emporté les caisses publiques (6.000 livres), délivré les détenus et exigé de la Municipalité une contribution de 4.000 sequins qu'elle refusa d'ailleurs de verser, lui parurent sans doute nécessiter une extrême circonspection [5]. La 51ᵉ, du reste, ne comptait en tout que 200 hommes, et Murat voulut employer à sa place le 1ᵉʳ bataillon de la 12ᵉ demi-brigade fort d'environ 600 hommes. Mais ce bataillon arrivé de la veille à Crémone, après de longues étapes [6], était trop fatigué pour entreprendre la forte marche de 25 milles nécessaire pour atteindre Casalmaggiore. Les deux

---

1. Il ne s'agit pas de la 51ᵉ qui venait de combattre à Castiglione avec Augereau, mais de la 51ᵉ de première formation non encore amalgamée dans la 63ᵉ demi-brigade.

2. Le nº 902 de la *Correspondance* de Napoléon indique par erreur 21ᵉ chasseurs ; ce corps où Murat avait fait ses débuts et dont il avait été colonel, ne faisait pas partie de l'armée d'Italie ; c'est le 24ᵉ qu'il faut lire, ainsi que le porte d'ailleurs l'ordre de Berthier du 18 août.

3. Berthier à la 51ᵉ provisoire, à Crémone ; à Donmartin, à Sahuguet, à Deuniée, à Murat ; de Brescia, le 18 août (Arch. Gʳᵉ) et nº 902 *Correspondance*. Bonaparte à Berthier, 18 août.

4. Moreau (Jean-Claude), alors chef de demi-brigade à la suite de la 15ᵉ, puis de la 11ᵉ ; le même qui devint général, fut commandant supérieur de Soissons le 12 février 1814 et laissa, le 3 mars, Bülow s'emparer de cette place, compromettant ainsi gravement le plan de Napoléon, qui le destitua.

5. Moreau, comᵗ militaire, à Murat, de Crémone, 20 août (Arch. Guerre).

6. Elle venait de Lyon qu'elle avait quitté le 27 juillet, marchant sans s'arrêter, par Chambéry, Aoste, Ivrée, Verceil, pour arriver à Milan le 15 août, en repartir le 19 par Lodi, Pizzighettone pour Crémone où elle arriva le même jour.

pièces à cheval que devait envoyer Dommartin, n'étaient, du reste, point encore parvenues à Crémone; Murat ajourna donc son départ à la nuit suivante [1]. Entre temps, l'état-major avait disposé de la 12ᵉ demi-brigade, et Murat, contre son gré, dut l'acheminer sur Marcaria [2]. Il s'en tira en n'envoyant au général Dallemagne que le 2ᵉ bataillon de la 12ᵉ et marcha quand même avec le 1ᵉʳ bataillon sur Casalmaggiore, partant de Crémone le 20 à l'entrée de la nuit.

Le 21 août, à 8 heures du matin, Murat, flanqué de l'agent militaire Escudier et d'un commissaire des guerres, atteignait Casalmaggiore à la tête de sa troupe, mais sans artillerie [3]. Pendant la nuit, cent hussards ennemis avaient poussé une pointe sur Bozzolo, y tuant 17 Français et en emmenant 26 prisonniers. Tout était calme à Casalmaggiore même; par prudence néanmoins Murat lança des éclaireurs vers Borgoforte et Sabionnetta afin de n'être point surpris. Il s'était par précaution emparé de toutes les barques du Pô mais il n'eut dans la journée qu'une fausse alerte. Il eût pu aisément parer à quelque incident par ses dispositions et avec une troupe « bien disposée à se battre ». En attendant le retour de ses patrouilles, il procéda à sa mission. Les habitants étaient fort « repentants »; ils avaient déjà donné beaucoup d'argent à tous les officiers qui avaient réclamé [4]. La Municipalité paraissait « excellente », se prêtant de son mieux à faciliter sa tâche; déjà, par ses soins, les cloches étaient descendues [5], le désarmement opéré, et, si les détenus s'étaient enfuis, relâchés par les Autrichiens, il en restait cinq, les plus coupables, sous les verrous à Crémone, où l'on pouvait les mettre en jugement. Bref, Murat se laissa convaincre sans

1. Murat à Bonaparte, de Crémone, 8 heures du matin, 20 août (Arch. Guerre). Le texte complet de cette lettre a été reproduit dans le *Carnet historique* du comte Fleury, nᵒ de décembre 1904, p. 336.

2. Berthier à Murat, 20 août (nᵒ 913 de la *Correspondance* et Arch. Guerre).

3. Murat réclama en vain les deux pièces légères qui ne lui parvinrent pas. D'après M. Silvio Pellini, p. 62, Murat serait entré dans Casalmaggiore avec 520 fantassins et 74 cavaliers. La 51ᵉ l'y rejoignit car Serviez la réclamait le 24 août. Le 1ᵉʳ bᵒⁿ de la 12ᵉ rejoignit le 2ᵉ à Marcaria le 22 (nᵒ 923 de la *Correspondance*).

4. 200 sequins à l'aide de camp de Despinoy, 200 louis au général Rampon, des billets à beaucoup d'autres.

5. Pour être dirigées sur Alexandrie. Les fidèles étaient convoqués aux offices par des clochettes portatives à la main.

peine qu'il était « bien difficile de pouvoir tirer grand' chose » de si braves gens, et d'ailleurs, tout en travaillant à la répartition de la contribution, « ce n'est pas le plus difficile, disait-il mélancoliquement, mais c'est la perception ».[1]

Les vives instances des principaux citoyens ne furent, sans doute, pas étrangères à ce geste d'indulgence. Le docteur Paolo Fadigati[2] en particulier supplia que l'on attendît le retour de Brescia des trois délégués de la Municipalité, dans l'espoir qu'ils apporteraient quelque concession arrachée à Bonaparte. Ceux-ci rentrèrent bientôt en effet, les mains vides; mais leurs supplications furent si éloquentes, leurs arguments si habiles, si insidieux, qu'ils emportèrent de Murat, « jeune homme, ingénu et compatissant », la promesse de se contenter de cent mille francs, au lieu du million prescrit par Bonaparte, et de ne poursuivre judiciairement que les accusés dont la culpabilité était nettement établie. Murat s'offrit même à plaider en personne la cause de la ville devant Bonaparte et à en obtenir la ratification des accords survenus entre lui et la Municipalité[3].

Bonaparte fit bien quelques difficultés et se refusa tout d'abord à approuver la convention, se plaignant qu'aucun exemple n'eût été fait, qu'aucun des chefs de la révolte n'eût été fusillé. L'abbé Romani, toujours à Milan à l'affût des projets concernant sa ville natale, manda auprès de lui Fadigati, afin d'intercéder, au nom de la Municipalité, et de se placer sous la protection de Murat. Celui-ci, à leur grand désespoir, ne leur dissimula pas l'opposition formelle de Bonaparte. Mais, attendri par les prières chaleureuses de Fadigati et de Romani[4], par leur patriotique douleur, peut-être aussi par des moyens plus directs, plus probants, Murat continua à s'employer activement en leur faveur. Profitant d'une excursion au lac de Côme, avec Joséphine, Murat sut la mettre dans son jeu, la toucher, et elle parvint, non sans peine, à arracher à Bonaparte le pardon de la cité rebelle.

---

1. Murat à Bonaparte; de Cazal-Major (sic) 4 fructidor (21 août) à la 7e heure du jour (Arch. Guerre). Le texte complet de cette lettre a été publié dans le *Carnet* du comte Fleury, n° de décembre 1904, p. 337.

2. Sa famille fut anoblie par l'Autriche en 1827. Il appartenait à un rameau de la famille Affaticati, de Plaisance.

3. Silvio Pellini, *Guida*, p. 62, et *Cenni Storici*, 1902, p. 16.

4. Faisant valoir que les véritables coupables s'étant échappés, il faudrait que la ville pour se sauver punît des citoyens ou entraînés ou séduits par les chefs évadés, ou les auteurs de simples peccadilles.

Murat ne revint à Milan, porteur de l'heureux dénouement, qu'au bout de trois jours, trois longues journées d'attente et d'angoisses pour les délégués. A la mine riante de Murat, ils sentirent qu'ils avaient par lui cause gagnée, ce qu'il leur confirma, plein de joie du résultat dû à son efficace intervention [1]. Fadigati courut promptement à Casalmaggiore y répandre la nouvelle de la grâce obtenue. La Municipalité, dans un avis du 2 septembre, notifia également l'amnistie à ses concitoyens, annonçant en outre, qu'il serait restitué aux habitants pauvres leur part dans la contribution et que les biens des condamnés par contumace seraient seuls confisqués.

Le procès qui s'engagea devant la Commission militaire, le 26 août, fut témoin de nouveaux efforts des municipaux pour dérober à la justice les nobles du pays. Seuls, les fugitifs furent condamnés à la peine capitale ; les accusés qui comparurent, même Boïna et Molossi, ne furent guère frappés, quelque fût leur degré de culpabilité, que de la peine de quelques années de détention [2].

Ainsi plus heureux que Pavie et Binasco, plus heureux que Lugo, Casalmaggiore, grâce à la généreuse ardeur de quelques citoyens, grâce aussi, il faut bien le dire, à la faiblesse ou à la bonhomie de Murat, sans doute désintéressée, grâce surtout à l'aménité et à l'ascendant de Joséphine, put esquiver les graves responsabilités que lui avaient attiré quelques fanatiques révoltés, eux-mêmes dépassés dans leurs visées par la canaille, qu'ils avaient imprudemment démusclée, car qui déchaîne, pour servir ses desseins ou ses passions, la tourbe populaire, ne saurait se flatter de la maîtriser à son gré [3].

FÉLIX-BOUVIER

1. Murat, à ce moment où il rendait un si capital service à Casalmaggiore, ne se doutait guère que, devant cette même ville, dans la nuit du 13 avril 1814, se tirerait, en sa présence et celle du prince Eugène, le dernier coup de canon de l'armée d'Italie qui devait ainsi expirer devant Casalmaggiore (Voir Com$^t$ Weil, *Le prince Eugène et Murat*, t. IV, p. 513).

2. Silvio Pellini, *Guida et Cenni Storici*. Cette aventure ne les assagit pas, car on retrouve Molossi, Favagrossa et quelques autres en 1799, pendant le court intervalle de l'occupation autrichienne, se faisant les auxiliaires des vengeances ennemies, et, au lendemain de Marengo, Bonaparte dut les éloigner du pays et frapper une taxe sur leurs biens.

3. Giuseppe Castiglioni, *Strenna* imprimée à Casalmaggiore, par Bizzarri en 1853.

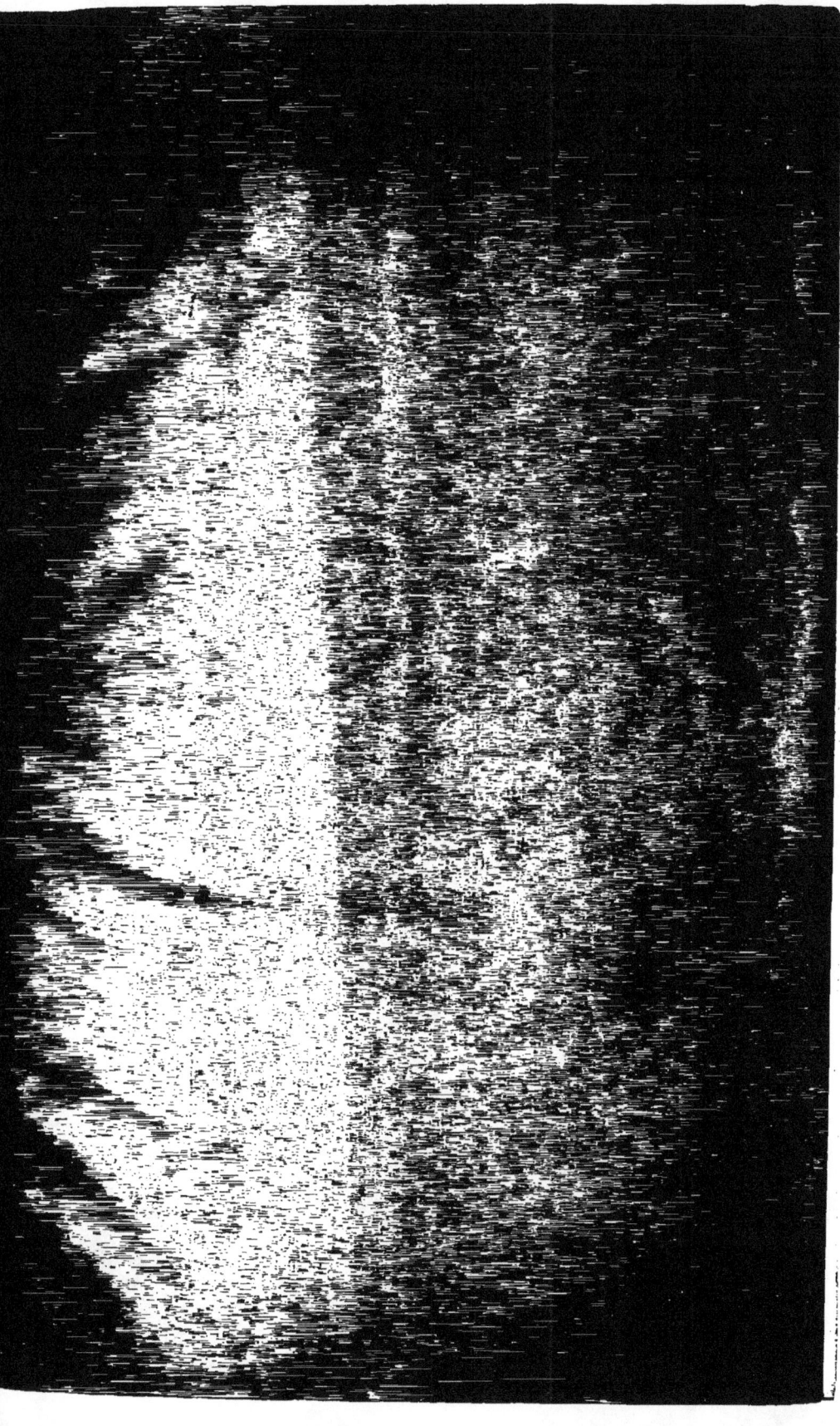

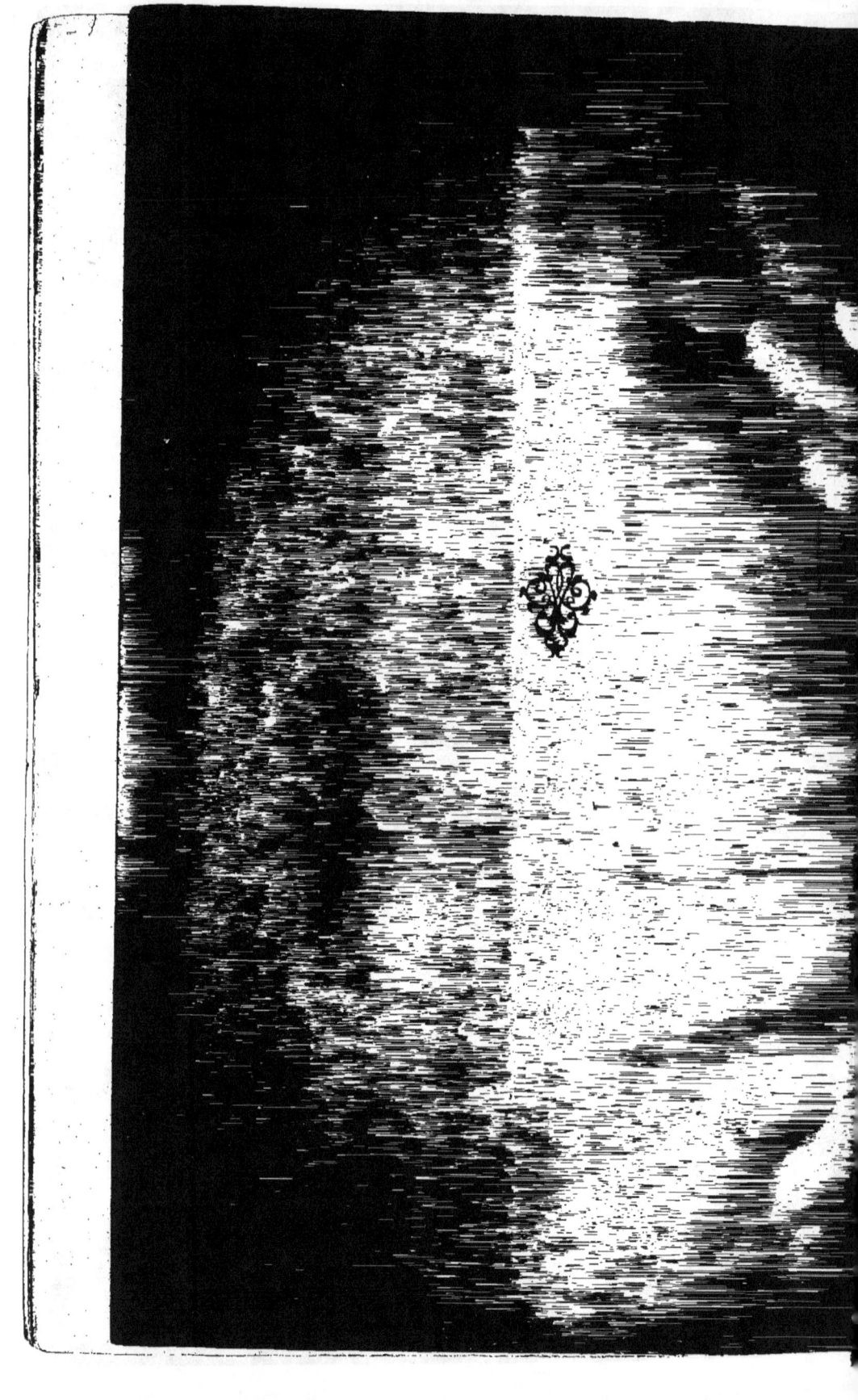

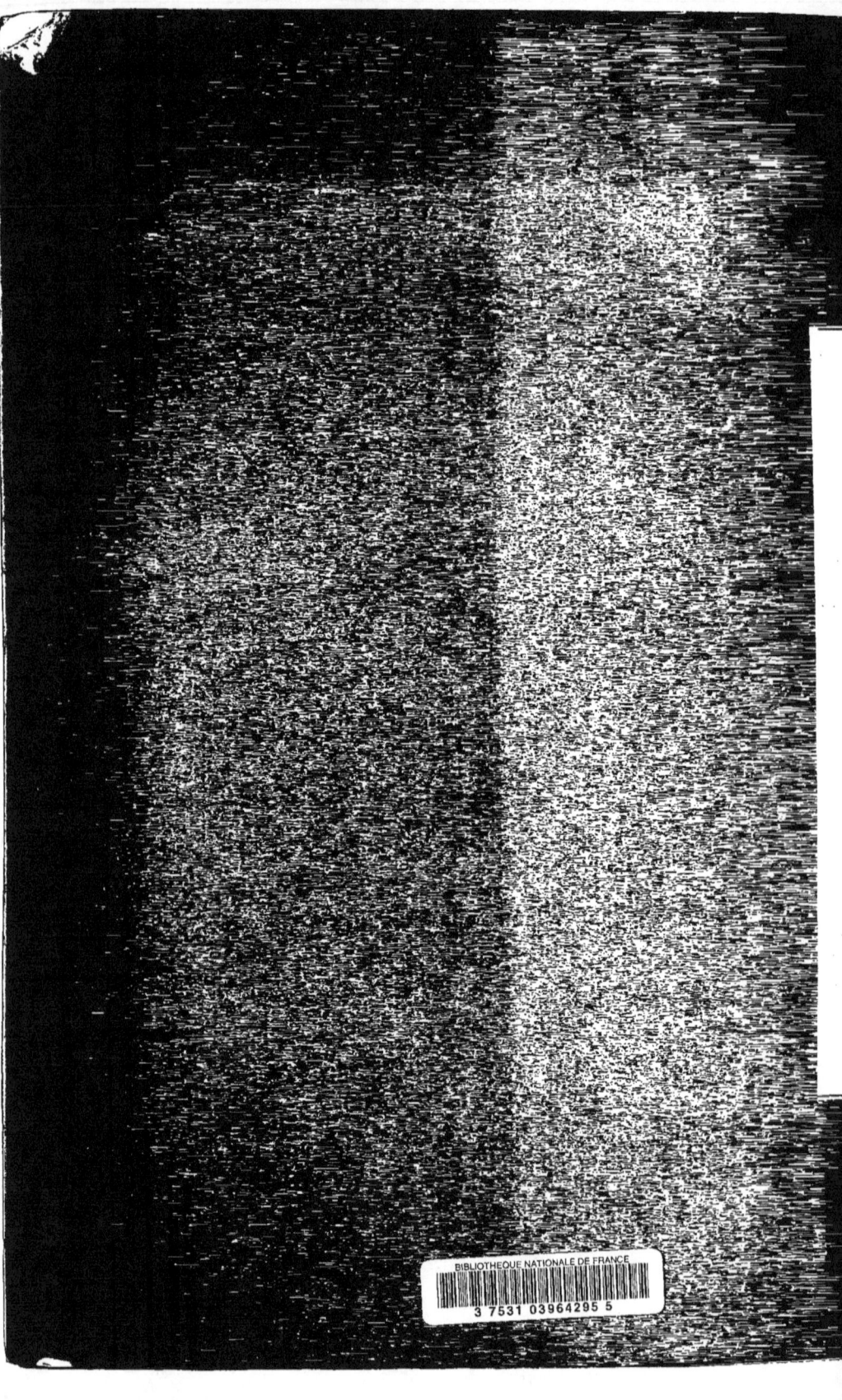

www.ingramcontent.com/pod-product-compliance
Lightning Source LLC
Chambersburg PA
CBHW060522050426
42451CB00009B/1111